수선화에게

수선화에게

초판 1쇄 발행 2019년 4월 26일
2쇄 발행 2020년 6월 23일

지은이 이미란
펴낸이 장길수
펴낸곳 지식과감성#
출판등록 제2012-000081호

디자인 장홍은
편집 이현, 장홍은
교정 정은지
마케팅 고은빛

주소 서울시 금천구 가산동 벚꽃로 298 대륭포스트 6차 1212호
전화 070-4651-3730~4
팩스 070-4325-7006
이메일 ksbookup@naver.com
홈페이지 www.knsbookup.com

ISBN 979-11-6275-609-6(03810)
값 13,000원

ⓒ 이미란 2019 Printed in Korea

잘못된 책은 구입하신 곳에서 바꾸어 드립니다.
이 책의 전부 또는 일부 내용을 재사용하려면 사전에 저작권자와 펴낸곳의 동의를 받아야 합니다.

이 도서의 국립중앙도서관 출판예정도서목록(CIP)은 서지정보유통지원시스템
홈페이지(http://seoji.nl.go.kr)와 국가자료공동목록시스템(http://www.nl.go.kr/kolisnet)에서
이용하실 수 있습니다. (CIP제어번호 : CIP2019016327)

 홈페이지 바로가기

이미란 작가의 첫 시조집

수선화에게

이미란 지음

목차

그대와 나 둘이서 / 10
풍뎅이 / 11
그 여자의 집 옥탑에선 / 13
생활 속의 경제 / 15
향수 / 17
그림자 달빛 죄기 / 19
서시 / 21
온전히 / 23
홍대의 밤 / 24
밤배는 떠나고, 밤은 우수에 젖는다 / 26
봄의 미증유 / 27
포화점 / 29
유리 천장 I / 31
유리 천장 II / 33
생활의 발견 / 35
들녘엔 비 내리고, 또 무지개 뜨고 / 37
하루살이 / 38

하늘말나리 / 40
변방에서 우짖는 새 / 41
뜨거운 평창 / 42
너와 나 사이에 이르는 길 / 43
다시 찾은 무진 길 / 45
옷에 대한 소고 / 46
어머니 / 48
남이섬의 여름 / 50
난장이가 쏘아 올린 작은 공 / 51
레시피, 스타카토 / 52
FTA의 비명 / 53
고맙습니다, 인삼 / 54
그래도 다시 한번 / 56
기차는 밤에 떠나고 / 57
꽃신 / 58
꿈꾸는 오리 / 59
끈적이는 저녁 커피에 젖는다 / 61

무량수전 배흘림기둥에 서서 / 63
수선화에게 / 65
외등 / 66
그림이 있는 풍경 / 67
동백꽃 언청이 / 68
추사를 사랑하며 / 69
채송화 / 71
하루 / 72
명동백작 / 73
월곶포구 / 74
청둥오리 / 76
가을 들녘에서 / 78
나비 / 79
풍차의 언덕 / 80
경주를 다녀와서 / 82
T. S. 엘리엇에게 말을 걸다 / 84
ㅊㅅㅊㅅ 곰탕 / 86

스마트폰 후기 / 88
목련의 꿈 / 89
49제 천상 길을 밝히다 / 91
사계 주의보 / 92
공전 시계 / 94
경복궁 / 95
겨울 수채화 / 97
사랑해서 그러는 거야 / 99
은하로 가는 열차 / 101
거미줄 / 103
홍매화 / 105
란 / 106
무소의 뿔처럼 혼자서 가라 / 108
달콤하고 상큼한 유자차와 함께 / 109
냉이 된장국 / 110
그날 3·1절 / 111
유자 또는 탱자에 대하여 / 113

히말라야의 외로움 / 114
광염 소나타 / 115
권면의 메시지 / 116
끊임없는 역동성의 시험 사물 인터넷 / 118
네거리 건너 파란색 옷 수선 가게 / 119
동물원 / 120
땀에 절은 냉장고 / 121
로봇 K와의 대화 / 122
동백의 정원에는 / 123
3막 4장 / 125
UFO / 127
바람이 전하는 말 / 129
우체국 / 131
골뱅이 무침 / 132
간판이 많은 길은 수상하다 / 133
고려청자 앞에서 / 134
공기 청정기 / 135

광고 그 불편함에 대한 진실 / 136
바둑 / 137
호모사피엔스 사피엔스 / 139
톡톡톡 아다지오 / 140
거울 / 142
11월의 크리스마스 / 143
광대 연가 / 145
변신 / 146
치자꽃 이야기 / 147
하회탈 / 148
민달팽이 / 149
백년초 / 150
보고 싶은 울 엄마 / 151
잠실 교회를 다녀온 후 / 153
푸른빛의 혀 / 155
금환 일식 / 157

그대와 나 둘이서

어느 12월 사진 한 장 박아요 미소로
주위 배경은
하얀 꽃잎들 가득하고

발자국 눈 위에서 살짝 뒹굴고 있습니다.

그대의 침묵이 목마른 아침을 재촉하고
옆에 누워 있는
긴 침묵 하나 깨웁니다

두 눈에 애틋한 그을음 가득하고 왜라고.

그 위로 수도 없는 이별 어지러이 널리었죠
온기 없이 풀썩 꺼진
주름골이 투명하죠

꽃잎을 떨구고 있는 시절이 시가 됐네.

풍뎅이

붉은 바람 검은 점 날개 위에 껴입고
산통 다 깨는 오늘은
말간 이슬이 묻죠

넝쿨 위 연분홍 장미 파르르르 떨어진다.

마치 거미줄 위에서 곡예 하듯 삐치고
곱게 입 다문 속살 속에
비밀 닫아걸고

빗장은 살며시 터트려 구성지게 퍼득여요.

헤진 이파리 누가 물었을까 봐 가만히
싹싹해진 벌개진
눈꼽 사이 고개 들면

단번에 다 피울 기세로 호시탐탐 노리죠.

기억의 가시덤불 새 감꽃 흐드러진

양다리 투명하게

물리면 지는 꽃잎

베시시 떨던 그날도 오목한 입술 깨물죠.

그 여자의 집 옥탑에선

벼랑 위 난간 같은 구름 몇 점 흘려 놓고
기울어 간 하루 이틀
편지를 띄워 놓고

설익은 동백섬들이 전나로서 뒹굴 때.

시린 통증 에이듯 칼날 위에 선 마른 혀
그림자 뉘 곁인가
하릴없이 따르는

그 여자 기침 사이에 벽력 같은 밤 내린다.

한 점 한 점 떠 있는 은하수 숲길에도
밤잠을 설치면서
검은 노루 치대는

그 방황 우웃빛 불혹은 누런 치마 몇 벌 속에.

상흔의 얼룩으로 골무 져서 퍼 내리는

무지개 빛 속으로

그 여자가 들어가면

아련한 광속으로의 여행자가 순례한다.

지쳐 있는 의혹의 요람에는 쓰레기가

안타깝게 널부러져

메마른 옥탑 꼭대기

붙잡고 세월의 한 장 요긴하게 못질하다.

생활 속의 경제

우리 집 저금통에는 땅이 가득해요
웬 땅이냐고요
저금통에 쌓인 동전

내 묻힐 무덤 속으로 들어갈 거니까요.

그래 갈잎 몇 조각 떠 넣고 외롭지 않게
구름도 흘려 넣어
눈물 뿌린 문상객

기억해 심심하지 않을 땅을 봐 두는 거야.

비 내릴 때 우산을 덮어 줘요 물때 잔디
잘려 나가지 않게
그리움 심고서

가족들 품에 안은 채 기억마저 품어 줘.

그러니 시덥잖은 국그릇 몇 개 주발 몇 개
가져오지 말아요
사랑이란 그릇을

가져와 수북이 담아 줘 고인 말 싫으니까.

갓끈 고쳐 쓰고 도포 자락 날리지 말고
보고 싶다고 동백의
그림자만 묻혀 와요

노랑물 들여진 유자주로 따뜻하게 덥혀 줘요.

내 무덤 생활을 일 더하기 일에서
서너 곱 뛰어 기쁨
두둑하게 안길게요

속상해하지 마세요 두고 간 온기 늘 켤게.

향수

모질게 엮어지는 몸속의 파열음들
자음과 모음들을
한 소절씩 모았어요

그곳엔 꺾이는 비음 가득해서 아득해요.

간혹 끌고 나온 물음표가 사정없이
나부끼고 심심하면
장풍을 날려대죠

대부분 풍경 집에서 풍경 하나 데려오죠.

간간히 붉은 노을에 취한 까치가
위태롭게 걸려 있는
홍시를 도륙 내도

그곳엔 기억의 향수가 홍수를 이룬다죠.

코 꿰인 누런 황소가 반가워서 음메 하면

볼기짝 한 대 툭 치며

그래 고맙다

쌀겨랑 쇠죽 몇 벌이랑 보름달을 안겨 주죠.

그림자 달빛 죄기

갓 쓰고 도포 입고 여래의 인연들이 여기저기
둠벙을 놓은
예스런 처마 위로

직선의 화살 촉 하나 재빠르게 곡예 한다.

메밀꽃 둔덕 위로 달무리 쓰러지면
바람의 사신들이
고개를 털어 대면

정탐한 염라대왕의 회초리가 번득인다.

저기쯤 별자리엔 무번지들 사열하고
한 장 한 장 내미는
문안들이 엎드리면

호젓한 고랑 사이엔 흰나비만 모여 날고.

내일로 달려가는 창천의 열차에선

누구라도 주인공인

인과응보 즐비하다

이력들 소천에 피우고 반가사유 머무네.

서시

바람이 왔다 간 흔적 그곳에서 나는
천진하게 순간을
간신히 붙들고서

온몸을 태워 새순이 돋아나길 바란다.

흰 물뱀이 수면 위로 물살을 가르면서
유유히 헤엄치는
모습에서 널 본다

때로는 질풍노도 같은 폭풍이 요동칠 때.

허리끈을 바짝 죄며 두 입술을 깨문다
상처 속을 파먹던
기억도 비워 낸다

스스로 일어서려는 민들레꽃 닮아 간다.

아스라한 낯설던 인생의 뒤안길에
그 길모퉁이에서
바람 앞에 한 점 촛불

날 세워 비탈에 서서 곁가지를 단속한다.

두 직선 삶과 꿈이 맞부딪칠 때서야
허공 하나 툭 가르는
틈과 즈음 사이

메마른 침묵 속에서 갑론을박 날품팔이.

동박새가 남한산성 온 갈기로 부셔 대다
떨구고 간 갈기 사이로
푸른 조상이 웃고

정수리 붉은 새털구름 한정없이 흐른다.

온전히

세상과 소통하려는 몸속의 파열음
여기저기 얽혀져서
끊임없는 소용돌이

모두 다 휘감으면서 절망인 척한다지.

숱한 고난, 피비린내 엉겅퀴의 몸부림
잘디잔 모래 위에
희망처럼 새겨지면

희부연 어깨 들썩이고 그 틈에서 알 부순다.

모순의 쓴 술잔 위 펄펄펄 끓어오르는
역사의 한 바퀴가
뜨거운 심장 속에

온전히 젖겠습니다. 철책선 너머 새벽처럼.

홍대의 밤

가슴에 붉은 꽃만 달아요 개성 없는
무채색들 떠난 거리
얼룩으로 반짝였다

누구의 손장난인지 알 수 없는 풍경들

다산하고 싶은 아버지들의 소망을
여기 지금 모여 있는
젊음의 혈기들을

말 없는 그림자들이 조용히 쓰다듬었다.

어제와 오늘이 반드시 결론으로
어머니의 노오란
죽도도 번득였고

연거푸 찬란히 밝힌 외등도 밤새 돌고.

취하며 서럽게 울어 대던 홍대의 밤에

내 것 네 것 구분 없이

모두가 흔들려요

물젖은 네온사인만 섬으로 곁눈질한다.

밤배는 떠나고, 밤은 우수에 젖는다

어둠 속 베일에 가려 흔들리는 막배
떠난 이도 남은 자도
모두 흔들리는데

아쉬운 작별의 회한 손수건이 떨린다.

사방이 고요 속에 잠겼는데 아련히
들려오는 물 밑을
헤쳐 오는 밤손님

유유히 가로저으며 품어 안는 빈 나루.

밤이 이슥하도록 잘게 부순 수면 위로
검은 잠은 밀려나고
수은등은 깜빡인다

시간의 자막질에 빠져 혼돈의 정 들이킨다.

봄의 미증유

예쁜 봄은 꼬리를 달아 줘 탁월하다고
한번 떠난 봄은
다시 만나기 어려워

나들이하기 좋은 날 다시없는 투정으로.

밖의 경계 허물없이 담쟁이 울타리 감는
외줄박이 나리꽃도
수그리는 이 절정에

한가득 차려입고서 잔칫상을 벌려 보세.

낼모레면 귀화한대 형님 댁이 동생에게
오래 앓아 온 잇몸병
봄에 도졌다고

천지간 상사병으로 확 불났다고 알리래.

언제나 먼저 붉어진 땅거미 짙게 깔리면
어둠을 가로질러
미증유 수사관이

제각기 거품을 물고 불청객들 수사하래.

포화점

밤늦은 귀가 시간 다리가 휘청인다
달을 낮 삼아
어깨 위로 이고 지고

누렇게 뼈끔거리던 붉은 농주에 취한다.

이래도 좋으냐고 안 된다고 고개를
한 움큼씩 빠지는
머리카락 틈새로

썰렁한 저 들녘에서 끓어오르는 봄기운.

더부살이 한철에도 잊은 건 미련인가
고도로 숙련이 된
철새들의 은신처에

길고 긴 고비 사막길을 새싹들이 길 눈튼다.

노랑부리 멧새의 입맛에도 봄이 달고
돼지 우물곁에서도
봄 비린내 가득하여

샛강의 살강물 위에 아지랑이 앉아 있다.

멍석의 한 계단씩 분노가 밟고 지나
차오르던 잿빛 세상
초록 속에 빠져서

소금기 말갛게 걷힌 아침 해가 확 부풀다.

유리 천장[1] I

시내의 한복판에 걸인들이 누워 있다
그네들 시선 속에
탈춤이 들어온다

가뭇한 눈웃음들이 상자 속을 훔쳐본다.

엄지 척 강단 있게 도도한 적장으로
투명한 유리구슬
삼파장 램프 속을

턱 아래 내려다보면 필먹들이 흘겨본다.

기역과 니은 사이 기억과 추억 사이
비비고 들어설 수 없는
가락들이

줄줄이 끊어지는데 창밖에 빛은 환하다.

---

1) 유리 천장: 여성의 고위직 진출을 가로막는 보이지 않는 장벽을 비유적으로 이르는 말.

종착역은 언제나 마지막 탈출구라

입 벌린 악어 떼의

전투적 식량감들

아니다 눈 위를 구르는 이단아의 필살기.

유리 천장 II

난 그녀와 매일 동침을 한다 꿈꾸듯이
여기저기 흐트러진
옷매무새 단장하니

바람이 싸아 가슴속에 저 무덤을 향해 간다.

한 번도 동침을 거부한 적이 없어서
그냥 소리 소문 없이
세월에 넋을 팔아

주머니 별 하릴없이 허공만 담아 놨다.

치열한 현장에서 진열된 유리그릇
투명하게 반짝이는데
그 안에 갇힌 울음

피바다 오래된 농담 무심한 듯 내뱉고.

하루를 베틀 삼아 물레의 이력들이

곱디고운 손 틈에서

수선화가 피곤 했다

먹물들 사방으로 튀어 잿빛 하늘 떠 있었다.

생활의 발견

청소기를 돌리다가 문득 떨군 물음표
뇌섹아 이리저리
몸 비틀다 느낌으로

모서리 깊숙이 파인 채 오늘 속에 묻힌다.

무엇을 왜, 라는 상념 또아리 붙들고
잔잔한 수면 위로
돌팔매 던진 파문

일일이 단속하면서 생활 속에 던진 풍요.

그 자장 너머에서 주인공들 모셔 놓고
한 컷 한 컷 담아 온
과거를 들춰내서

소중한 기억의 일기에 차곡차곡 저장하죠.

그래프 우하향 지표가 수직으로 상승하면

참, 잘했어요라는

칭찬의 릴레이가

생활의 리듬 속에서 빗발치듯 들려와요.

들녘엔 비 내리고, 또 무지개 뜨고

두 팔 벌려 허공에 추위로 앙다문들
철렁하는 스산함에
쇠심줄이 박혔다

곁가지 후두둑 떨면서 허리 굽힌 산 아래.

무시로 넘나들던 새침데기 무지개가
칠선녀로 분장하여
옷매무새 단속하니

겁먹던 빗줄기 걷히고 새초롬히 앉은 평화.

별을 쪼아 먹던 참새가 거친 숨을 내쉬면
삭정이 뚝 부러진
가지마다 해넘이 하듯

밤새껏 잠투정하니 나이테가 앉았다.

하루살이

씨씨가 불 켜지고 주변을 에워싸는
검은 물에 잠긴다
들끓은 인연들이

부여성 행주치마에 시름들을 담아냈다.

북 치고 장구 치고 상고 튼 되돌이표
이곳저곳 염탐하면
객쩍은 근황들이

별천지 흩뿌린 날에 시소처럼 솟구친다.

바람이 휩쓸고 간 잔해 더미 봉긋 솟고
심심한 영감들의
담뱃재가 구릉 지대

벌 나방 힘겨루기에 두 날개가 푸석인다.

내린천 삼천 궁녀 소용돌이 헤쳐 가며

발 아래 메인 나락

님인들 어찌할까

사연들 물 위로 떠올라 아침 해가 길었다.

하늘말나리

지는 님 서러워서 탯줄이 부서지고
나부끼는 여름 햇볕
뜨겁게 뒹굴었고

오늘은 강기슭에서 잿빛 구름 멱을 감죠.

한사코 고개 젓는 그 빙벽 묻어둔 채
세속을 파고드는
지독한 소멸들을

앙가슴 바투 쥐면서 모질게도 각혈했죠.

대차게 뽑아 올린 기상 직각을 응시한 채
금빛을 말아 올려
환희로 구릉 졌나

새까만 적벽돌 위로 불멸의 자성들이다.

변방에서 우짖는 새

가시나무새는 한 번의 속앓이를 한다죠
매일 가슴속에
상처들을 베끼면서

무한정 날고 싶은 소망 덧나지 않게 가꿔요.

거리에서 떠도는 가랑잎 몇 조각을
벌레 먹어 구멍 뚫린
허영을 쓸고 있죠

단단한 호흡 사이에 견고함이 보호되죠.

결국은 너와 나 사이 외곽의 변방에
욕망은 언제나
반짝이고 황홀한데

세상은 풍요에서 밀려난 촌스러운 이전투구.

뜨거운 평창

기도했어 매일을 점프하듯 방백 하며
프롤로그 그 뒤에
신질서의 공정함이

유랑의 추운 겨울을 따뜻하게 온기 있게.

그 한 점의 추사체 위 선비들의 나한들
침묵한 채 활강했어
군무들의 화답 같았어

지구를 반 바퀴 돌아 막무가내 숨이 가쁜.

이런저런 꼬리 끝에 내걸린 운명들이
정선의 수묵화 속에
능선인 채 정지한

감동의 역사의 현장 뜨겁게 불사른다.

너와 나 사이에 이르는 길

벽과 벽 사이 틈과 틈새 그 시나위가
하루의 익명들을
수도 없이 유린했다

좀처럼 정체를 알 수 없는 숨구멍 들썩인다.

파아란 네모 안에 점점이 소근대는
기세 좋게 뒤덮은
붉은 수수 물결치면

지난한 여백에게서 여유롭게 진을 치다.

밤바다보다 더욱 속 깊은 은하의 꿈
이루어 천지간의
운명 앞에 진저리 친

목 젖은 수문들에서 적벽가를 들으니.

질곡의 소용돌이 뒷걸음 헤아리며

해풍의 지분거림

도솔천 관음전에

영그는 수북한 갈망 괜스레 북적인다.

다시 찾은 무진 길

거울 속에 구불구불 무진으로 가는 길
바보들이 꿈꾸는
시쳇말로 파란에

내밀한 지청구의 유희 첫새벽에 속삭인다.

감람나무 내걸린 그림자가 살짝이
깃을 치는 붉은 나락
비릿한 첫 망울에

설레는 뜨거운 안개 원초적인 욕망 앞에.

에둘러 닳은 문장 소유라는 금줄 앞에
서러운 꽃 장년의
뱃구레가 홀쭉한데

썰렁한 헐거운 소리 철렁철렁 몸살 앓다.

옷에 대한 소고

선연히 드러나는 기다란 코트 위로
어제는 보았음 직한
설명문들 나부꼈다

한 차례 광풍과 같은 방황에 휘청인다.

나신들 차례차례 거울 위에 앉은 정적
누군들 보세요
저처럼 환히 웃으세요

깜찍한 카메라 셔터 불안한 듯 깜빡이고.

슬몃슬몃 엿보는 구름 조각 담아서
하늘 귀에 걸어 보면
잘록한 허리 위로

풍부한 오색감들이 비단처럼 출렁였다.

둔덕 같은 평야는 기쁨으로 충혈되고

밤새껏 옹알이는

채움으로 수혈되는

그래서 한껏 더 상승한 까치발의 자화상들.

어머니

갈래머리 쪽지고 새초롬을 얹혀서
또옥똑 물방개가
문 두드려 경칩을 깨니

우두둑 벼 잎 부풀어 천지간을 염색한다.

천연색 발색감이 정 두텁게 얼비치니
외마디 단발마의
콧소리가 경쾌하고

어머니의 행주치마엔 하얀 달이 부풀었다.

얼룩덜룩 삶의 지표들 순리에 내어 맡겨
까마귀의 풍화에도
자연의 전례들이

엎드려 오두망찰의 전각들을 되새긴다.

사고무친 회한을 들것에 내어 주며

저 먼 산 바라보니

내 것이 없었더라

한달음 굽이굽이의 숯검뎅이 쥐었더라.

남이섬의 여름

울울창창 지분거린 반나절을 모은 끝에
연둣빛 속살들이
순백으로 앓아누워

마음을 태운 무표정에 슬몃 화를 잠재운다.

기나긴 연서들을 우리 밖 군무들이
다양한 여백으로
빗물처럼 후려친다

성장통 알파벳 거리 이슬 묻어 뒹굴고.

이따금 버뮤다 일색 분노처럼 휘갈긴
별, 바람 기름지게
앞섶을 파고들고

물의 끝 수청 들었던 백발들이 넘나들다.

난장이가 쏘아 올린 작은 공[2]

키 작은 사람들을 난장이라 부른다네
마음속의 가시에 찔려
황폐한 사막에다

언청이 뉴트리처럼 실한 육신 폐허 같다.

오늘은 재생종이 매끄럽게 매듭짓고
반나로 뒤집어진
가난한 부표 박스에

비명의 혀를 내미는 이지러진 삶의 얼룩.

하물며 빈껍데기 입김으로 날을 새도
끊임없이 살을 에는
홍조 띤 바람잡이

먼 길을 헤매 돌아온 이 달무리져 소소하다.

---

[2] 조세희, 《난장이가 쏘아 올린 작은 공》, 문학과지성사(1978). 제목 인용.

레시피, 스타카토

빌게이츠 자선 봉사 섣달 열흘 궁굴려
아트란 미움 속에 핀
양식의 결정체다

하나둘 깨어나는 것 그것들의 불협화음.

주류와 비주류 간 소통의 단절 뒤의 것
조청에 덧입혀진
두 귀퉁의 꽃잎자락

미세한 통증들이여 오늘을 버무린다.

매일의 일과처럼 맞닥뜨린 현실의 문턱
하늘의 견적에도
안 되는 것 불어 댄 바람

내생의 견고함들이 한철인 양 북적였다.

FTA의 비명

오늘은 칠레산의 붉은 자주 포도를
내일은 또 무엇으로
한 끼를 해결하나

궁색한 주머니 속의 푸르름이 백치 같다.

올려붙인 귀밑머리 쌀겨 앉은 백발 위로
어스름 달빛이
지고 있다 무심으로

천지간 절름발이들 벗 삼자고 꼬이는데.

뱃가죽 포만의 띠 헐거운 변명처럼
들녘에 배반의 등
절벽을 끌어안고

일당백 품앗이를 위한 권주가만 메아리를.

고맙습니다, 인삼

가느다란 실핏줄 마치 생명줄처럼
비명의 구순들을
구원처럼 이어 갔다

어쩌면 당연한 것인가 옳은 일의 배꼽시계.

하루를 쪼아 먹은 6년의 근속들이
빛의 파장 통성으로
몰고 와 앉은자리

뿌리가 고된 노정을 되알지게 수그렸다.

수놓은 둔덕마다 가래침이 마르며
고개 쳐든 꼿꼿함이
펄펄한 기운이라

당신의 소매 자락에선 흰 무명의 절정이다.

손마디 푸른 외침마다 굵고 단단해

고맙습니다, 인삼

족히 향기로워서

오늘도 당신 품 안에서 어여쁘게 잠듭니다.

그래도 다시 한번

두 주먹 불끈 쥐었다가 미련을 버린다
가슴팍을 허무는
싸늘한 바람 소리

한편에 맹목적인 것 목울대가 젖는다.

총총히 떠 있는 별자리에 이름 하나 새기고
돌아온 그 현장에선
쉰내 나는 기계 소리

나비잠 옭아매어진 주름골이 옹색하다.

끊어질 듯 이어지는 도전장 바투 쥐고
그래도, 다시 한번
힘차게 도약하자

푸르게 날아다니는 저 희망을 끌어안자.

기차는 밤에 떠나고

매일 나는 떠나요 그곳은 정 대합실
머리에 수면을 이고
불현듯 떠납니다

어디든 잔설이 걷힌 약관의 밤 기억하러.

별들이 총총히 박힌 외롭지 않던 곳
강아지가 꼬리를
빗금 치던 그날도

또렷이 새겨졌어요 밤새 기차는 울었죠.

지느러미 곱게 세운 야행성 갈피 속에
네모난 상념들을
차곡차곡 접습니다

하얗던 밤의 훈증들 연신 들락거렸죠.

꽃신

댓돌 위에 가지런히 꽃신이 놓여 있다
누군가의 버선 위에
예쁘게 신겨지는

그들의 버선코에는 비문들이 걸려 있다.

깊숙한 함정에는 남들이 알지 못한
그늘의 한구석에
단정한 발자취가

오늘도 한 코 한 걸음 닿아서 새겨진다.

깊은 한숨 몰아쉴 때 채이는 질책에도
단 한 번도 머무를
새가 없이 격려의

숱한 꿈 버렸을 적에 눈물이 반짝였다.

꿈꾸는 오리

누에 뽕잎 앉을 새도 없는 저녁 어스름
가느다란 호흡은
열 길 몸속 헤매고

떨리는 두 앙가슴 속 푸른 불을 지펴요.

하늘을 향한 올무에 나이테가 두텁고
푸덕이는 날갯짓은
모진 삭풍 견디죠

저 건너 언덕을 넘어 배꼼 또한 숨었죠.

한가위 중심을 떠안고 무중력 그곳
발길에 채이는
몰이꾼들 훠이 훠이

수평선 지표 위에서 족쇄가 부서진다.

오늘은 깡마른 겨울이라 더 맛 깊고
주워 올린 햇볕은
사색의 먹물이라

이끼 낀 목덜미에선 물빛 냄새가 났다.

끈적이는 저녁 커피에 젖는다

열대야가 무색하던 날 카푸치노 놓고
불면의 시간을
자랑삼아 모셔 왔다

한 잔의 커피 용액에 하얗게 젖는 저녁.

비밀들의 교집합을 영으로 비벼 놓고
함께했던 합집합은
뭍 위로 떠올라서

깊은 강 범람했던 우주 폐선들이 왔다 갔다.

팔뚝만한 시간들은 점점이 떨어지고
오랜 끈적이는
물길은 계속 열 받아

청소기 레일 바퀴에 또 무심한 듯 끌려가고.

눈치 없는 초립동이 주머니 기웃대니

텅 비어 을씨년스런

바람 한 조각 담아

자존의 밤을 결박하는 짜증 투정 물리친다.

무량수전 배흘림기둥에 서서

역사의 수레바퀴 울컥 피를 토한다
뜨거운 연정으로
세상을 조율한다

진실은 아무에게도 중요하지 않았다.

불안이 엄습해 와 연거푸 물 들이키면
밤벌레 자웅을 겨룬
하루살이 들끓고

간신히 난간 붙들어 두 다리가 움찔한다.

이쯤이면 됐지 아니야 좀 더 신중하자
타인인 네가 이기잖아
풍만한 곡선이야

역사의 한 귀틀에서 오늘 같은 날이면.

땀 흘린 과거 무심히 단전에 호흡 모은

들어봐 거친 숨소리

눈자위 붉어진다

팽팽히 날 선 신경전 삭힌 침묵 뚝 떨군다.

수선화에게[3]

당신이 날 잊으시면 그때는 소멸될 것
한때는 지독하게
나를 비춰 본 거울

배고픈 몸짓의 언어 한 손에 든 저울인 것.

삐딱하게 둘러쳐진 빗금들 가로막다
대명천지 환하게
웃음을 터뜨리던

수상한 월매 아지매 사금파리 파먹었다.

감감히 두드렸던 며칠의 진통에서
기다림을 피워 올린
눈 부릅뜬 여래에서

보란 듯 재갈 물린 워낭 나에게서 너에게로.

---

[3] 정호승, 《수선화에게》, 비채(2015). 제목 인용.

외등

나는 세상에 잡음들을 다 말아먹소
고즈넉한 밤의 정체
분분히 깨어지고

새까만 어둠 속에서 초로의 신사였다.

지팡이 휘두르며 문 밖에서 오는 바람
뿌리는 빛의 직선
묵묵히 응시한 채

서늘한 등줄기 훑고 간 절름발이 소년이다.

외로이 그 많던 짐 벗어던져 광명천지
부부애 간지러운
소야곡 홀로 담고

깊은 정 닳고 닳아서 놓아 버린 등신불.

그림이 있는 풍경

기와집 처마 위에 달 능선 걸려 있다
고개를 휘돌리면
바라 소리 번득이고

살풀이 살풀이하듯 손과 손을 비볐다.

실눈은 마음속에 손금처럼 박히고
외로운 상념들은
그림자가 눌어붙어

낙화의 콧잔등에서 기도 소리 들리고.

비탈진 굴곡마다 사랑과 죽음 사이
몸에 데인 화상 자국
앙다문 세월 곰삭다

여정의 수술대 위에서 할미꽃이 피고 진다.

동백꽃 언청이

입술 위에 앉은 초야 새초롬히 옷깃 털다
덧입힌 시간 위로
한 겹의 덕을 쌓다

속 감춘 벌집 속에서 노오랗게 경계 진다.

해마다 이맘때쯤 곱게 벌린 붉은 계단
층이 진 틈 사이로
언뜻언뜻 바람 들고

들마루 앉은 빛마다 제각각이 나를 채워.

문단들 겹겹이에 사랑으로 매듭짓다
홍루의 여각 위로
장문들이 쏟아진다

여기는 저물은 경진년 보름달이 곡예 한다.

추사를 사랑하며

한 점 훅 불어 댄다 점 몇 개가 깜박인다
소리가 움직인다
삐침도 흘려 댔다

간간히 괘종 소리 스팀처럼 따듯했다.

한 치의 흐트러짐 허용 않는 세필 위로
완벽한 나인들이
선 위에서 곡예 한다

사르르 얼음 녹이는 살사 댄스 흐느낀다.

링 위로 구르는 것 재단 안 된 먹종이에
이슬 문자 새겨서
풀밭에다 널어 본다

겹겹이 에워 쌓이는 결연에 찬 몸부림.

한 획 한 획 부수 따라 행간들 뜯다 보면

기다란 느낌표들

부음처럼 떠다니다

정지된 활자 위에서 학 한 마리 활강한다.

채송화

양팔에 기운 쪽빛 낯설음을 이고 있다
앙가슴 언청이의
볼우물은 비루한데

작란의 어울림이야 애동지에 생트집.

익명의 소통들이 탁탁탁 타들어 가
간간히 조롱 대는
마파람의 언쟁 너머

비명의 혀를 내미는 첩살이 물집 생인손.

도원의 날품팔이 수만 가지 업장 소멸
선희의 복주머니 속
동전처럼 부풀었다

저 건너 무술년 여름 쪽빛 안아 걷고 있다.

하루

팽팽하게 고정된 활시위 당겨 본다
오후의 나른함이
순식간에 달아난다

고개 든 민망함이란 도처에서 몸 숨긴다.

삐릿 불청객 정전기가 온몸 위로 돋아
손 틈새 갈퀴 같은
스펙트럼 커지면

푸르게 앓아 오던 이 젖니 덧니 깨물다.

입시울 그림자만 검게 내려서 눈 사이로
계곡 한 장 펼쳐서
빠알간 연민 지면

하루의 경계에서는 떡잎들이 먼저 눕다.

명동백작

오늘의 창고 속엔 무엇이 숨었을까
뼈마디 노곤하니
멈춰진 톱니바퀴

시대의 혼불 가랑가랑 들꽃들이 서성인다.

쭉정이 같은 선 졸음에 걸린 한나절
잉잉거린 점자에선
활자들이 튀어나와

가두리 양식 9월에 쪽빛 물음 끌어안다.

모래톱 부서지는 해안선 침식에서
하루의 끼니마다
아고라의 각축전

주름진 앞섶을 헤치며 부싯돌을 지펴 댄다.

월곶포구

만삭의 몸 이끌고 알전등 까 내리면
물때를 기다리는
아린 처녀 수굿하니

허리 휜 상처들로써 물집들이 누워 있다.

한 뼘만한 손 틈 사이 어머니의 무인도
성질 급한 나침반이
북위 40도 호위하면

스스로 갇힌 월곶의 배꼽들이 깡마르다.

물젖은 명태 같은 빗속에선 트라우마
객쩍은 부레들이
수도 없이 떠돌다

이생의 부스럼 딱지 가시 돋친 밤이 맵다.

부쩍 살이 깊은 내 숫돌에 등짐 얹어
숨 막히는 곡예에
첨벙첨벙 화를 풀어

첫울음 자신을 감금한 비명들을 씻김한다.

청둥오리

먹이 찾아 헤매는 겨울 길 장막에도
곡소리는 호객처럼
윤기 젖어 산을 넘고

지평선 은빛 달구며 삶의 역린 굴린다.

유랑 유랑 그 먼 길 저항으로 부리거든
사랑 않는 그 마음에
행여 안부 물리면서

침묵이 낯설어질 땐 숨 막힐 듯 아린 원죄

해거름 이고 넘어 무리들의 장사진
부리로 갯 냄새를
구원처럼 건져 올려

해마다 소멸의 기억 아슴아슴 비워 간다.

깐죽이는 물이끼에 서려 있는 오디빛

날갯짓 멍에처럼

폭풍 같은 저 언덕을

한 세월 지장인 듯이 목멱산을 지고 간다.

가을 들녘에서

부셔 놓은 가을볕에 시뻘건 황토물이
온몸에 뒤범벅이
발그레 물들이는

그 얼굴 웃음 지으면 보조개가 패인다.

하루를 끌고 오는 첫 시작의 초인종이
우윳빛 단백질로
머릿속 헹궈 주면

내 몸의 세포들까지 마구마구 들썩인다.

반디 같은 묵시의 빛 손금을 들여다본다
생과 사의 아련함이
잡초처럼 얽혀 있다

아련한 허연 비듬들 반지 같은 약속이다.

나비

행운의 꽃들이 여럿이서 우쭐우쭐
가지랑이 틈새로
비럭질의 참새들

새하얀 울먹임들이 긴 장대 위 사열한다.

하루해를 붙들고 조각처럼 깎아 내도
낡아 버린 외버선
긴 코를 뭉그리고

앉아도 앉아도 서도 날이 새지 않는다.

하루의 방을 쓸고 닦다 내가 하나 되어
장대 위로 맑은 울음
토해 낸다 마지막

내 것이 바람을 낚아채 갈빛 속에 머문다.

풍차의 언덕

산 아래 굽어보니 메아리가 운을 뗐다
주머니 속 깊은 동굴
한없이 들썩였다

빛 좋은 개살구마냥 쓸데없이 헤펐다.

어쭙잖은 내일이 불현듯 그려질 때
바람 잘 날이 없는
산등성이 올라가

한없이 핑핑 눈총을 작신작신 쏘아 댔다.

그리움 그 공간에 절대적인 내가 살고
살 에이는 한계에도
풍차는 돌아간다

희망을 방아 찧는다 껍데기들은 가라.

다달이 돌아오는 정직한 일상들이

직직 그어질 때마다

인생을 등기 낸 후

한 수씩 붙잡아 두고 군자라고 마중한다.

경주를 다녀와서

벚꽃이 한창 절정일 때 경주를 찾는다
가는 길마다
가지들이 늘어진 채

저마다 예쁜 짓을 하며 연민으로 말 건다.

좀 봐 주세요 늘어진 사연마다 말을
유혹의 꽃잎을 달고서
전 못 만져요

여린말 단속을 한다 아지랑이 애교 떨고.

푸르게 설익은 봄 햇살마냥 신나는
상춘객들 머릿속엔
편지가 달려 있다

속지에 안녕하세요 사랑이 번져 오고.

또렷이 걸려 있는 금줄 첫 탄생을 알리는

아직 걷히지 않은 물안개

선선히 피어올라

비릿한 봄의 리듬이 첫물 사이 떠 있구나.

T. S. 엘리엇에게 말을 걸다

#1. 4월은 잔인한 달

라일락꽃 절정인 시퍼런 강둑에서

보리수나무 그늘

우거진 그 곁에서

친절한 마법으로부터 헤퍼지는 4월이다.

#2. 엘리뇨 현상

지구에는 구멍 뚫린 파장들이 존재한다

빈 껍질 위에 텅 빈,

공허 괴물들 우글거린

신경망 툭 끊어져서 늪 속으로 늪 속으로.

#3. 황무지

바스락거린 통증에 호흡이 가빠지면

모래무지 기억에

숨소리가 건조하고

집 벼랑 두둑에서도 그 울음들 가득하다.

#4. 귀환
쌍떡잎 곱씹다가 젖니 덧니 깨물고
한사코 외면하는
표피들은 거기 서!

불야성 내내 붙들려 제집 속에 알을 품다.

ㅊㅅㅊㅅ 곰탕

낼모레 다가오는 시간표를 다독인다
싸아 하고 고소한
온기가 피어올라

수라청 시끌벅적에 들척지근 들이찬다.

세상에 미물들이 양념 속에 들어앉아
한 통 속 버무리면
탁한 마음 비워지고

젖냄새 폴폴 풍기는 비린 잡내 다스린다.

파란불 신호등을 매일같이 곁들여서
너와 나는 향기 속에
정성을 들이키고

뒤란에 메어 둔 달빛 지청구로 식혀 간다.

우려낸 속앓이를 더운 온탕 헹궈서

청자빛 풀잎들을

지천으로 모셔 놓고

푸드득 깨물은 오늘 교태스런 옹알이를.

스마트폰 후기

점자 틀 눌러 보면 그 언저리 겹겹이
기억을 두드리니
나팔 소리 선웃음

전나의 빗장을 열고 수청 드는 맞장구.

신비의 무인도를 점령하면 경계가 없죠
질척질척 터럭 같은
응어리 끌어안고

섞인 듯 섞이지 않게 찰나들의 순례만.

무더위 삶는 시장통 졸음만 게워 내고
빈 마당 곁눈 훔치는
제 살 깎는 몸부림 속

휘영청 달빛에 서려 호객 중인 유리수.

목련의 꿈

마법으로 둘러쳐진 저 성에 신비 가득
주문을 건다
마법이 풀리면 여린 나목

배냇짓 하얀 꽃비가 사부시 내려앉은.

봄날에 줄을 세운 홑겹 치마 둘러 입고
모퉁이 외로 돌아
면사포 이윽하다

정직한 일상 순환하듯 진저리 치는 봄을.

바람에 덫을 놓아 더듬는 순정마다
그리움 한 땀 한 땀 엮어
올려 훼치는 새벽

아려 온 오른손마디 뭉근하게 붉어 온다.

하얀색 요람들을 흔드는 지축 펑펑펑

메마른 환절기에

덧나는 상처들은

격정의 속울음 피어 올려 제련한 절정이여.

49제 천상 길을 밝히다

소슬한 저녁 한기 빛 대신 져 나르다
기어이 세상 접은
그 영혼 위로하며

49제의 천상 길 밝혀 어둠에 숨 틔어 낸다.

열 길 여정 앞에 두고 49제 이승 저편
향 살라 촛불 밝힌
분분한 사연 속에

한 서린 내 얼굴에도 예의인 양 웃음 띨까.

가끔은 나도 여느 걸음마냥 세상에서
나부껴 삶의 중심처럼
그리 살고파라

가녀린 내 어머니 생 잔등 너머 섬이 된다.

사계 주의보

홀몸으로 텅 빈 겨울 현기증 이는 칼바람
시나브로 창천에
둥지 틀고 일어서면

그 미련 장미 여관에 나목처럼 서성인다.

이른 아침 물기 걷힌 자국 위로 빛살 한 줌
들볶이는 늙은 소의
메아리가 울려 퍼지고

깨어난 봄의 정령들 알곡들의 자장가다.

솟구치는 물의 비명 날 선 긴장 떨치고
해 올라 젖은 수분을
털어 가는 그 아찔함

속 마른 건기 위에선 청잣빛이 녹록하다.

잘 여문 붉은 수수 참새 떼의 한철 봉양
남으로 얼룩지는
고향 접선 연통으로

에둘러 낙하하는 섬 오디 같은 노을 탄다.

비수 꽂는 제철마다 한소끔의 거품 사리
하루의 정점에서
소실된 점점이들

이렇듯 부족한 듯 과한 또 하나의 속성 계단.

공전 시계

녹사평 앉은 그늘 시간 속에 닦아 내다
유영의 꼬리 말이
빈 몸뚱이 홀로 이고

절절히 가슴을 훑는 늘그막의 고해다.

허리끈을 바짝 조여 매 걸터앉은 틈새로
기다란 소 여물통
장사진에 취해 본다

희부연 그림자 에세이 먹통 되는 포물선.

오선지 위로 가느다란 기다림의 화음
잘록한 허리 곡선
뱃가죽이 헐거운 듯

솔잎 향 아린 듯 싸한 그 눈자위 흠뻑 젖다.

경복궁

왜란의 북소리가 머물렀던 궁 안에서
조선의 백합들이
난세에 엎드렸던

혼백들 괘종시계처럼 물빛 젖어 흔들렸다.

퍼부었던 빗줄기 쪽빛 터져 눈부신데
전장의 폐허 위에
포도송이 열린 채로

만년설 주름골 사이 나비인 양 머물고.

초로의 입술 위에 나목들이 몸을 눕혀
절벽을 끌어안고
구둣발 숨이 차면

사루는 미망에게서 유성들 위 술 한 잔.

이하응의 숨결이 마당 깊은 곳곳마다

노랗게 익은 별

가뭇한 궁 안에서

후원의 속살거림에 탯줄들이 일어선다.

겨울 수채화

1. 바다에 가다
펼쳐지는 저 능선 속 아슴아슴 짠 내음
갈지자 품은 대로
보름달 와 안긴다

유영의 머리를 풀고 행간마다 불 밝힌다.

2. 김을 하다
겨울의 눈길 밝혀 가려 앉은 갈피에서
등고선 흔들리는
초침 너머 바다 앓던 이

촌철히 등뼈 시리는 잔기침에 혼절한 밤.

3. 식탁에 오르다
열 길 물 속 열어서 물젖은 몸피 너머
앙다문 검은 깃발
비단인 양 휘감아도

구성진 노랫가락이 한 시절을 풍미한다.

4. 겨울 수채화

내 낯이 버얼겋게 절편처럼 익어 가도

한 장 두 장 세월을

엮은 편지에서도

밤마다 퍼올리는 꿈 답신 되어 띄운다.

사랑해서 그러는 거야

우중충한 날씨에 원두커피 내려 놓고
자줏빛 붉은 노을
어머니의 얼굴 있다

비녀를 가로질러서 고독하게 한 품었다.

우리들 심장 속에 철렁 쇠심줄이 박혔다
앙앙대던 날파리도
봉분 속에 들어 앉아

기어코 잊지 않을 거야 낯선 이 번지수들.

도도히 흘러가는 거센 등줄기에는
시퍼런 맥박들이
염치없이 뛰던 날

뚝방 길 갈대들이 사정없이 흐느꼈다.

저더러 가지 말라 절대로 가선 안 돼

혼재된 비음들이

가랑가랑 목 젖는다

당신의 응어리 마구 액자 속에 불을 켠다.

은하로 가는 열차

신라의 처용무가 유리왕의 황조가보다
더 낫다고 누가
말할 수 있느냐 하면

내일은 베일에 가려 한 치도 다 못 보는데.

을지문덕이 강감찬보다 강하다고
역사의 증인 되고
문지기가 되느냐

최무선 화약을 만들었고 제조해서 잘 알지.

신라의 첨성대가 하늘을 관측할 때
저 하늘 끝 별 누구도
그곳이 어딘지

가늠치 못했다 왜냐면 비상구는 따로 있어.

하늘 달 별 태양이 아니라 은하 밖에
내일로 항해하는
출입문을 가장 먼저

출발선 오늘의 증인 역사 속의 주인공들.

강인한 용기에 내일로 향하는 은하
구구구 레일 속의
마지막 여정인가

맞닿을 우주의 정거장 미르에서 보자구요.

거미줄

아직 봄빛은 넝마주의를 걸치고 있다
다시 사랑하기
위해서라는 명분으로

이마에 주름 그어지고 무엇부터 시작할까.

출발선 삐꺽대는 목발 건반 위를 구른다
왈츠처럼 댕겨 볼까
가벼운 심사들을

스윙을 방향을 틀면 화살 같은 시간 지나.

몇 바퀴를 돌았을까 어느새 허연 줄기
밑동으로 검은 광채
내뿜는 그림자가

얼씬도 않은 듯 금기를 빠알갛게 집어 물고.

그곳에서 파란 기와집 머리 위로 지붕 두 채
말갛게 그어지고
하얀 선율 현을 켜서

아랫목 따뜻하게 감싼 밥 한 공기 놓여 있다.

홍매화

아프게 망울 내민 꽃받침 켜켜로써
몰래 먹은 자비가
온 시야에 가득한데

숨결의 붉은색 자주꽃 몸 비틀며 앙탈하네.

그믐밤 지칫 얼굴 머리에 이고 지고
살포시 그 먼 발길
즈려 잡아 절정일 때

발자국 선명한 아침 한 시절을 담아냈다.

란

달빛이 은밀하게 지평선에 닻 내리면
해묵은 잠에서 깨어
부산을 털어 낸다

존귀함 멎어 버린 듯 황후의 태몽 습관 되다.

고도의 막장에서 사활을 건 분투 끝에
힘차게 밀어 올린
꽃 대궁 밀사의 언어

교교히 홀리는 그 멋 조밀조밀 수런대다

하늘의 허락에도 인고의 집을 까부신
눈빛의 순교에서
비틀대며 몸부림친

그 꽃잎 한가운데서 걸어 나온 내가 있다.

짙푸르게 여백으로 맛을 낸 끈적한

한 치의 흐트러짐

용서 않는 절세가인

고요히 마음에 담는다 환몽처럼 태어나다.

무소의 뿔처럼 혼자서 가라[4]

고독의 그림자가 어둠을 살라 먹은
퇴폐의 현장에서
낱낱이 까발리다

빈약한 단백질 결핍 과로하고 피로하다.

인간들의 이기가 문명으로 형성될 때
절대자는 우리들을
요람에서 무덤까지

장밋빛 정의에 비틀거린 가난한 아웃사이더.

꼭지 도는 그날도 세상은 꼭지 같았다
너와 내가 한데 모여
얽혀진 실매듭 풀고

소통한 골고다 언덕 환형처럼 꾸짖는다.

---

4) 공지영, 《무소의 뿔처럼 혼자서 가라》, 오픈하우스(2010). 제목 인용.

달콤하고 상큼한 유자차와 함께

빨갛게 분을 칠한 해넘이 끝자락에
실핏줄 같은 점자
모퉁이 돌 무풍지대

이렇게 산다는 것은 걸망지고 동그라미.

몸으로 앓으면서 써 내려간 손끝 아린
그동안을 우려낸
먹장 같은 프롤로그

12월 문풍지 떨며 함진아비 긴긴날.

치켜든 한정판엔 까치집 구인 광고지
공양을 적선하듯
환골의 누에고치에

꾸부정 상념들의 집 부수면서 삼킨 소란.

냉이 된장국

사흘 전 초야를 치른 새댁의 입맛 살린
돌돌돌 시냇가에
새초롬히 핀 냉이

새봄에 고소하고도 담백한 첫물이다.

살짝이 뜬 거품에는 덧난 상처 아물고
뽀얗게 보조개 내민
솜털 가시 뿌리내려

벅차고 안온하게 익어 줘서 참 감사한.

우리네의 참살이 서툰 듯해도 정 깊고
따사로운 햇살이
부신 듯 눈에 선해

봄 맞아 가릉가릉 대는 고양이 잔털 같다.

그날 3·1절

님께서 가시는 길 검은 버짐 피었고
사루던 촛불에선
핏빛들이 역력한데

향수에 지친 길들은 고통에 진 빚들이다.

하물며 벼랑에로 내몰린 자존에도
비릿한 육신 위로
맑은 샘이 솟아나나

편찮은 객기 들이차서 숨 막힐 듯 뿜어내는.

만세의 공들인 함성 온 산하를 적셔 오면
후미진 골목길을
샅샅이 더듬었다

한평생 뒷걸음질친 지팡이의 도움에도.

분노가 가시밭길 문드러진 험난함에

젊디젊은 된장녀의

개념 없이 기름진

그날의 불그죽죽한 솜사탕 내내 뜨겁다.

유자 또는 탱자에 대하여

제 한 몸 노오랗게 푹 삭은 풍류 있다
한 시절 기품으로
떠받친 비밀 있다

그렇게 달콤 쌉싸름한 아내들이 숨어 있다.

한 손에 성경 책을 오롯하는 양심 속에
눈물 모은 군 시절이
파리하게 떨고 있는

신비 속 이 사투에서 상처로써 응답했나.

품속에 안은 세월 깊은 속 뱉어 내고
알알이 헹군 열정
머리 숙여 조아리면

또 한번 빛 가운데로 설렘처럼 초대한다.

히말라야의 외로움

무중력 설산에서 검은 버짐 걸쳐 있네
회색도 은색도 아닌
그곳엔 파랑도 있네

가파른 삶의 풍속들 아닌 듯이 널려 있네.

티벳의 고원들이 잠길 듯 고여 있는
자연의 현장에선
지켜야 할 범사들이

신명난 씻김굿에서 설움보다 더 긴 탯줄.

고요의 함정에는 고랑처럼 파여서
희부연 절망 잘라 내고
틈새로 핀 지기

독설의 가난들이사 저 굽이에 묻히겠나.

광염 소나타

절대의 경지 속엔 끓어 온 시간 있다
더불어 함께하는
그 고요함 삶의 편린

편견에 두 번 다시는 울지 않아 촉의 단정.

돌아서지 못한 채 삐걱대는 하루의 균열
감당키 어려운 점
두 눈 사이 사마귀도

마침내 단절이 주는 유사 이래 최초의 벽.

만인의 공포 속에 도사리는 한 같지
절대로 거부 못한
죽은 자의 항변 같지

웅크린 마음의 잣대 시소처럼 널뛴다.

권면의 메시지

4차원 저려 오는 문명의 현장에선
닭똥 같은 눈물의
메시지가 왕성하다

설득의 사설들이면 무엇이든 다 되는.

저항의 무기를 놓은 양심수의 머릿속엔
달착지근 꿀물이
비행처럼 달콤하고

주머니 새벽을 여는 출발선이 새내기다.

짐짝처럼 부린 2월 잘라먹고 베갯머리
부풀은 정 이례적인
한철의 전략들이

드러내 서슬 퍼렇던 이 통속처럼 누웠다.

설핏 잠든 뭇 별들 누이처럼 갈래 땋아

쪽 져서 무한 공간

흰 공기를 풀어헤쳐

누구를 위한 변명인가 철새처럼 계절 입다.

끊임없는 역동성의 시험 사물 인터넷

생각과 생각 사이 맞물리는 극이 있다
한계로 치닫는
선택의 기로에서

양방향 소통의 정점 기원하듯 여는 선.

달무리 차오르듯 컨트롤러 부상하고
내 생활의 전부를
함께 비벼 주문한다

사물의 교감의 시간 천지간의 주인공들.

끊임없는 대역 제국의 침입으로 점멸된
의지를 시험하는
가상의 공간에서

스스로 내가 최고다 선포하는 무작위.

네거리 건너 파란색 옷 수선 가게

너로 말미암을 자가 신음처럼 땀이 고이면

아귀다툼 현장에서

존엄사로 영면할 때

비로소 내 삶의 진정성 햇볕 태워 발아된다.

누군가의 호명으로 촌철히 매달린 사투

끝에 서서 코흘리개

벼랑 선 이념에도

편린 간 불편함 걷어 내 바야흐로 닦아 낸다.

탱탱히 부어오른 앞섶을 꼼꼼하게

마름하면 파란 집

너와집선 이슬 같은

온기가 마당 가득히 비밀처럼 번져 온다.

동물원

로드 맵이 킬러인 그들의 아지트엔
뭔가가 수상쩍은
비밀이 숨어 있다

나름의 환풍구를 통해 전해지는 사계의 덕

어둠 속 희끄무레한 서글픈 방랑의 행적
그 위로 가녀린 초원
스필버그 환상의 열차

고독한 이네들의 생 이력들이 즐비하다.

정절을 거세당해 부릅뜬 눈빛에도
애잔하게 구원의
동산으로 돌아가

마음껏 호령하고픈 이심전심이 교교하다.

땀에 절은 냉장고

나의 사랑 한 점 부끄럼 없이 살펴서
동그란 만월의
놋그릇에 채워 주시오

교태의 미소를 뿌리며 긴 터널을 달음질친.

그곳은 빙하기의 벼룩이도 숨지 못한
행선들 이지러진
낮과 밤의 변장 속에

긴 여정 전대미문의 불호령이 숨 가쁘다.

새초롬한 영험의 균열들이 제각기
통속으로 다스려도
끝내주는 점궤들에

끝없는 소용돌이 속 오열 끝에 수혈한다.

로봇 K와의 대화

꿈을 꾼다 몽환적인 개성들 구애하는
가느다란 떨림은
애초부터 없었다

현실은 더욱더 멀리 신에게서 괴리된다.

비명에 서슬 퍼런 액자 속의 환형들
미소 속에 표구된 채
절벽 같은 강을 건너

고도의 난기류에서 우리 속의 탐색어들.

작열하여 10년을 중년같이 회전하는
섧다가 곤추선
문명의 여진 자생처럼

속으로 속앓이로 핀 K와의 대화이다.

동백의 정원에는

하늘 아래 처음으로 허락한 꽃물에는
달콤하고 시큰한
정사의 입맞춤이

개화에 눈부시도록 처절하게 열리고.

나 예서 살게 해 줘 낙화의 소청에도
살포시 눌러앉아
화답한 젖비린내

켜켜이 구릉 지어서 꽃술 위에 터진 속살.

관음으로 허락한 진빨강 금기에는
솟을 대문 청산들이
철 따라 구성지고

여흥은 달큰한 꽃물 우주의 진통이다.

지고지순 풀어 가는 포태의 진실 뒤엔

에둘러 빗금 쳐진

우리 밖의 미행에

교태에 혼쭐이 나는 볏짚 위의 달도 차다.

3막 4장

베일 속에 하루를 넘긴다 살점 같은
피가 솟구친다 자객은
바람 끝 자결하고

속으론 분노를 다스려 머리 춤에 비녀 꼽다.

새터민 드난살이 북풍을 등짐 진 채
물기 걷힌 검은 장화
누렇게 뜬 달 사이

손나팔 몸부림쳐도 뒤란 곁에 메인 얼굴.

그리 오래되지 않아 수전에 쌓인 벼랑
피앗골 낡은 고드름
서걱서걱 눕혀 놓고

파자마 앞섶 강단지게 매듭짓고 서 있다.

능 마루 처연하게 눈 아래 굽어보면

양미간 사이에는

필묵들이 흐르고

질투의 임진강들엔 비듬들이 넘쳐 났다.

UFO

사체들 널브러진 광기의 현장에서
뒤틀린 점자 하나
방점으로 낚아채면

그곳의 정도리에선 숨 가쁜 보도 일어선다.

저 아래 파장에서 손을 들어 솟구치면
돌기가 푸릇푸릇
저항을 찾아가며

충혈로 붉어진 사위 물구나무서듯 한다.

휘영청 교교하게 온천지를 마름질한
여기서는 인두도
숯 화로도 다 주름이다

별천지 지구 밖으로 하루살이 각혈하듯.

예맨 족장 족보처럼 선악과 들끓었고

어딘가 건너오는

물푸레 헤엄치고

저 경계 인간의 오욕 깨달음의 맥박 뛴다.

바람이 전하는 말

저 산하 흔들리는 억새 숲 갈피 속에
마적을 물리치며
한 가닥 명주실을

그러쥔 손마디에서 내 품 넘어 뉘 곁에.

덩그러니 그림자 목덜미를 쓸어안고
수다의 전리품들
내 바다에 헤엄치고

쓸쓸한 뒤란 곁에서 우화처럼 서성인다.

우리는 서로에게 무엇인가 마음밭에
사나운 들개처럼
허허벌판 달구면서

귀촉도 서러운 객기 돌아누운 바람 소리.

저려 온 시름에도 연정의 밤이 깊고

무서리 발을 감싸

네 향기에 귓불 붉어

해 넘은 소용돌이에 파문 하나 일렁인다.

우체국

그리움도 답신 되어 하얀 몽돌 꿈꾸듯이
닳고 닳은 그 썰물
왔다 간 흔적인가

조용히 나를 태우는 약속들에 몸부림.

스스로 무덤이길 한사코 날 새우지
뜨거운 감동에도
깃털처럼 가벼운

그곳엔 온갖 사주단자 인연인 듯 얽혀 있다.

감당 못한 실언들도 연 걸리듯 널려 있다
홀아비 바다 너머
땟국 절은 하회탈

주머니 가난한 이웃 심장에 불 지피는가.

골뱅이 무침

발갛게 벌거벗은 사체로 뒹굴었던
입속의 포만하던
질감이 감기는 맛

자석에 이끌리듯이 마음껏 양식하랴.

한때는 저도 절정이었을 때 분명 있지
우람한 손 당근 보고
면 사리 얹으면서

이것도 누군가에게 약이 되고 피가 되리.

영광의 월계관이 파랗게 싱싱하던
몸피 불려 따사로운
이브의 공원에서

우리의 오묘한 입맛 시한부의 선고 유예.

간판이 많은 길은 수상하다

태고적 이어져 온 숨결 같은 저 능선
실핏줄 붉어져서
툭 터진 사흘 만기

일일이 기억도 못할 몸부림이 섬짓하다.

자정 넘긴 방황 속에 담겨진 우울의 그늘
까맣게 타들어 간
멍석 위에 앉은 초상

닦아서 두드리어서 반석 위에 세운다.

한동안 구르지 못한 애굽의 말잔등에
얼룩진 권주가가
주변에 퍼지면서

구릉지 가득 메아리 유랑 유랑 길을 헤다.

고려청자 앞에서

아이가 죽었다는 신라의 에밀레종
신비의 울음소리가
과녁을 갈랐는데

풀섶을 에이는 바람 꿈결에도 득음하랴.

희나리 질곡에서 연민의 그림자가
연둣빛 리듬으로
푹 졸여 합창하고

가까이 부르는 손짓에 모세 혈관 일어나면.

내 몸에 저 심지들 연등까지 불 밝혀
거리의 눈빛들은
숨 막히게 종종대니

이리도 섧게 울었나 목울대를 쓸어안다.

공기 청정기

희멀건 육체를 끄집는 외로운 사투
방패 있어 가슴을 열어
간이역에 내민 달

휘영청 열두 고개를 그림자로 압박할 때.

숨바꼭질하다 들킨 혀 늙은 암소 재우다
깊은 써레질에
숨구멍 바닥이 드러나고

누구도 범접치 못할 삼각지를 빼어 물다.

순환의 터럭 같은 비위로서 내뱉는
잊혀진 기린아의
저린 오후 절룩인다

보시의 맑은 눈망울 청정 지역 선포한다.

광고 그 불편함에 대한 진실

나는 누구를 위한 호객꾼인가 정녕
전운이 감도는
꽃상여의 비밀들이

하나둘 풀어헤쳐져 물기 어린 안개꽃.

한참을 기다려도 종내 소식 없을 때
여기에 널려 있는
만물상 헐떡였고

연달아 지쳐 있는 선 무엇에 꿈을 꿀까.

익모초 익어 가는 별빛에 두 눈 붉고
동자승 공부를
해찰할 때 선 긋듯

어디가 경계인지도 알다가도 모를 변이.

바둑

검은 돌 마주하고 흰 돌 맞수 두니
적은 다 내 것이요
내 품은 다 네 것이라

걸어 둔 집집마다에 모양새 울타리 집.

서툰 행간 바로잡고 올가미 덧씌운 채
보는 맘 안타깝고
옆에선 낭인들이

술술술 내리치는 것 밑천 다 드러나네.

점점이 가회동 길을 말없이 지켜보다
이내 다시 우회도로
삼청동을 훈수하면

개다리소반 위에서 먹먹해진 동틀 무렵.

여물은 시선 위로 모래알을 헹구던

햇내 나는 바둑판 위

사설들이 집을 짓고

번듯한 세 집 잡고서 미끄러진 오복 줍다.

호모 사피엔스 사피엔스

언제나 두 눈 부릅뜨고도 청맹과니다
간절히 바라건대
바람 들인 내 혈기들

두 기둥 반드시 세워 풀꽃 지뢰 파묻히다.

맥을 이은 두꺼비 논바닥을 헤집을 때
나팔꽃 엎드러진
넝쿨 같은 문명들이

건초 위 부신 돌을 깨며 풍광처럼 땅에 눕다.

연못가의 수선화가 목메어 입을 열어
통성명하던 밤에
고비 사막 넘었다던

숨결의 지혜의 쇠틀 완성되고 있는가.

톡톡톡 아다지오

성량이 풍부하다 기름진 고음에도
한 폭의 수묵화처럼
겨울 산에 메아리쳐

영혼의 울림을 넘어 고운 선이 교태롭다.

우리에 갇혀 있어 눈물샘 자극하던
달나라 계수나무
옥토끼의 전설에는

상상의 고래 등 같은 까마득한 시절 있다.

연못가에 수선화 애착을 끊지 못해
홀로 뜬 누룩을
끔벅이며 애고 뒤에

목 놓아 훼를 치는가 새벽별이 기운다.

나 혼자선 절대로 안 되는 것 그것을

넘어서 어우러져

유아독존 내림이라

지천명 느물거리며 득음에의 오름이랴.

거울

닦는 이 오늘 같은 순결 한 손 청동처럼
검붉어 주름졌던
세상의 잡음들을

순식간 휘몰아치며 밀물처럼 지워 낸다.

쥐라기에 공룡이 수억만 년 길을 묻다
창궐한 에너지가
방황 속에 돌아와

전선의 날다람쥐 같은 두 시선 받아친다.

천사가 그립다고 되뇌이면 백치같이
썰물 같은 몽금포가
소리 없이 누워 자고

발그레 물들이는 산하 서걱서걱 빛 들이다.

11월의 크리스마스

순백이란 의미는 무엇인가 기억의 난산
내 것들 차례차례
넘어지면 인고의

순례들 이 밤을 붙잡고 절벽들의 집을 짓다.

깜깜한 어둠 발에 걸리는 고적함
스산한 음률 위로
서까래가 깊어지고

수상한 해거름만 더 잎이 설어 가뭇하다.

수숫단 키질 소리 심장 속에 북소리
너머에 적도를 향한
목탁 자비에 종

초로의 흰 두루마기 하염없이 휘날렸다.

구성졌던 밤새 연희 아우성의 파열음들

고단한 10월과

하루 첫날 피투성이

허리 휜 11월이 물어 온 겨울에의 초대장.

광대 연가

기다란 생명선에 이 한 몸을 실어서
장대 같은 옹알이를
수도 없이 묵언했다

어쩌면 이번이 마지막 되풀이가 정체된다.

최후라도 아름답게 광풍의 열매 가득
수련 속에 엮어 내는
한 뼘 남짓 키 높이도

아무도 날 모른다네 기쁨 중에 벅찬 긴장.

온 우주에 펼쳐지는 내 환희가 질서의
순리 앞에 무릎 꿇는
그런 환상 그려 보며

내 안에 둥그런 미소 염화인 양 깃대 선다.

변신

내 몸을 한 귀퉁이에 바람이 찾아들다
한 무더기 누빈 이력
실꾸리에 매달고

적멸한 밤의 열쇠들 계급들이 산화하다.

낯익은 스펙트럼 제 빛을 털어 대면
<u>으스스</u> 까만 돌기
수정같이 빛나고

육각의 결정체 위로 짠물들이 콕 박힌다.

자주 아닌 자주에 속물들이 넘치면
지하에 멈춰 서는
흑백의 영화들이

변신에 변신을 거듭해 가슴마다 꿈을 달다.

치자꽃 이야기

누가 너를 만졌느냐 넌 무어라 맡겼냐
하늘 향해 마음껏
대망을 품었더냐

손에 낀 먹구름들이 이렇듯이 물었다.

살결 같은 광음 속 색깔들이 제 속 파먹고
투명한 소리들이
제각기 울부짖는

비릿한 젖 냄새를 물고 유년으로 돌아간다.

한으로 삭여지는 피 맺은 혈연인가
얼굴 핼슥 내미는
순결의 핏덩이라

청려장 바람결에도 흔들리지 않았다.

하회탈

우리들 마음속에 수없이 집을 짓는
다양한 얼굴들이
도처에서 활보한다

오늘도 마당 쓸면서 잡념을 빗질한다.

갈퀴 같은 손등은 더 하얗게 부서지고
둥그런 약속 위로
대망을 품었더냐

제 몸을 활처럼 굽힌 풍문들이 월담한다.

스스로 일어서길 핏빛으로 토한다
그 사이로 어둠을
파먹는 빛의 파장

세상에 딴지를 거는 한바탕의 너름새.

민달팽이

바람에다 결을 내서 단청 위 휘감으면
분노한 40년이
비명처럼 일어선다

차양 위 붓꽃들이여 아침마저 붉어진다.

잔기침 소리 뒤로 능선화가 고갤 내밀고
여봐란듯 음표를
들이마신 여정을

청석어 물빛 진저리 역경에도 혼자 운다.

비명에 찬 줄기 위에 고도한 빗장을
청태산 도롱뇽의
간절한 염원처럼

깃 세운 심호흡 뒤로 길게 뱉는 무진 길.

백년초

한 줄시로 네 가슴이 사랑으로 앓았느냐
적설이 분분히도
날린 시린 아침에

베 적삼 투박하게도 찬바람에 젖는구나.

100년을 오롯하게 몸부림을 하였다가
점철히 사무치는
가시로 뱉었다가

사모곡 혹한 겨울철 발길질이 무한 변이.

아마도 하늘 아래 꽃으로 허락해서
100년을 한결같이
사리고 또 사려서

손바닥 지문 같은 결 이리저도 주름졌다.

보고 싶은 울 엄마

30년을 훌쩍 넘어 두 손 사이 성모님
우리 엄마 묻던 날
비 억수로 내리고

까만색 흙먼지 울음 숱하게도 쏟았어요.

엄마를 닮았다는 형제들 외 그 몇 사람
내 곁에 있게 되는
적의의 한가운데

침몰한 그림자들이 수도 없이 다녀갔죠.

또 가슴에 푸른 별 약관의 직원들이
미소만 피워 올려
붉은 심장 드러내면

뜨거워 차마 잡지 못해 손만 연거푸 데이죠.

흰 국화 만발한 우리 엄마 병실에선
불안한 듯 책 위에서
선 졸음만 가득해요

어머니 마음 놓으세요 흰 국화 또 피었어요.

잠실 교회를 다녀온 후

하나님 1절만 부를게요 당신의
부르튼 손가락이
가슴 안에 들어와요

화들짝 놀란 토끼 눈 무엇이든 다 되는.

비명의 화음들은 당신들을 기억해요
세일 없는 교회 첨탑
하늘로 자꾸 솟아

두려움 그 깊이만큼 더욱 크게 솟아올라.

자꾸만 그립다네요 보고 싶다네요
당신이 없는 그늘
상상할 수 있을까요

노트에 빨간 동그라미 연신해서 그려 가며.

주일날은 파란빛으로 가득해요 왜죠
생명 있는 삶은
아름다워요 그렇죠

파아란 생명을 길으러 가는 길이 황홀하죠.

가슴에다 별을 달고 우울의 달 가져와요
모두 다 씻어 내리고
용서한다네요

세상의 넋두리에서 비껴가지 말자구요.

푸른빛의 혀

가을 하늘 아래 푸른빛이 걸렸어요
허리는 무채색
까맣게 타들어 간 달빛

교교히 소리 없는 문 조용하게 두드려요.

은채는 잠들었는데 얼굴을 감싸 안고
길게 빼문 12시가
뎅뎅뎅 울려와요

열어 놓은 수문 위에선 은빛 갈퀴 원주율.

색맹이 되어 버린 낯선 내가 기울면
푸른빛을 잃어버린
네가 또 저물면

길이가 한정이 없는 큰 영어들 걷힌다.

미망인이 되어 버린 허수아비 재워 놓고

혼절한 그믐밤에

벙어리 말귀를 열어

두 음절 접미사 옆에 단아하게 영급니다.

금환 일식

눈 먼 나라 까만 눈의 그녀가 말합니다
홑몸의 사이클에
가까이 더 가까이

데이지 수풀 속에서 흰 눈처럼 속삭여요.

받들어서 항아리 여윈 몸을 구부려서
뜨거운 가슴마다
활활 타는 속세처럼

한바탕 어우러지는 아수라장 텅 빈 충만.

보아도 붙잡지 못해 저만 홀로 외로이
달팽이 등껍질을
이고 가듯 투명한

스스로 제 몸을 밝히는 불멸을 끌어안다.